DATE DUE

AP 13 '85	JE 24 '86	DF 18 '89	OC 9'91
MAY 1 1986	AG 12 '8	MR 6 '90	OC 31 '9
MY 16 '86	OC 16 '86	MR 28 '90	NO 7'91
MY 16 '85	AP 15 '87	JE 20 '90	AP 30 '92
JE 20 '85	MY 30 '87	JY 5 '90	JY 16 '92
JE 26 '85	JE 23 '87	AG 3 '90	OC 29 '92
AUG 1 1985	JY 19 '88	NO 8 '90	JA 23 '93
AG 21 '85	OC 10 '88	MR 28 '91	MR 18 '93
SE 5 '85	JA 4 '89	AP 8 '91	APR 13 '94
NO 04 '85	JY 20 '89	JE 8 '91	
NO 21 '85	AG 2 '89	AG 12 '91	JUN 2 '96
JE 13 '86	SE 21 '89	SE 9 '91	JUL 14 '96